夕暮れに、なお光あり。

老いの日々を生きるあなたへ

渡辺正男
小島誠志
島しづ子
川﨑正明
上林順一郎

キリスト新聞社

はじめに

4、5人が月交代で執筆した、旬刊「キリスト新聞」のコラム「夕暮れに、なお光あり」は、3年続きました。このたび、そのコラムに掲載された文章の一部が書物になりました。

数年前、キリスト新聞社の若手編集者が、わが家に訪ねて見えました。説教集『老いて聖書に聴く』の出版を依頼した縁で、「キリスト新聞」の高齢者向け新企画の相談に来られたのです。

そして、コラム「夕暮れに、なお光あり」が誕生しました。旧約聖書ゼカリヤ書14章7節の「夕暮れになっても、光がある」（口語訳）に由来します。

この企画に少しかかわった者として、寄稿文が美しい書物になったことをうれしく思っています。

わたしは80歳になったとき、友人から「アラ傘の仲間にようこそ」と祝いの声をかけられました。その頃から、一層耳が遠くなり、トイレは近くなりました。医者通いが増え、貯金をはたいて補聴器を購入する羽目にもなったのです。

でもなお、自分にできることをしなければ、と日々新聞の社説に目を通し、礼拝説教の依頼にも応じてきました。

ドイツの信仰の先達イェルク・ツインク著『わたしはよろこんで歳をとりたい』（こぐま社）を読みました。――中年の司教が、こんなことをいったものだ。「クリスチャンは　一生　奉仕をしなければ」、「老人は　老人にふさわしい　社会にたいする役割が生涯あるはずだ」などと。たわけたことだ。

──そんな内容の一節が目に留まりました。

わたしは少しく抵抗を感じました。老いた自分にもまだ何か役割がある、何か創《はじ》めることがある、と気力が残っていたのです。

しかし今、「アラ傘」も半ばを過ぎて、ドイツの先達の言葉が少し分かるようになってきました。特に、不自由の現実を受け入れて「感謝することが決め手になる」との語りかけが身に染みます。

老化には個人差がありますね。皆さんの心身の現状はどうでしょう。

コラム「夕暮れに、なお光あり」の執筆者の一人として、高齢の仲間たちに、そして老いた自らに語りかける思いで、文章を記しました。

執筆者それぞれに、固有の人生があり、個性があります。その紡ぎ出す言葉を、どうぞ、心の耳を澄ます思いで、繙《ひもと》いてみてください。きっと支えになるでしょう。

編集を一手に引き受けて、よい本に仕上げてくれた桑島大志さんに感謝しています。

渡辺　正男

目次

渡辺正男

小島誠志

島　しづ子

上林順一郎

渡辺正男

わたなべ・まさお　1937 年甲府市生まれ。国際基督教大学中退。農村伝道神学校、南インド合同神学大学卒業。プリンストン神学校修了。農村伝道神学校教師、日本基督教団玉川教会、函館教会、国分寺教会、青森戸山教会、南房教会の牧師を経て、2009 年引退。以来、ハンセン病療養所多磨全生園の秋津教会の礼拝説教を定期的に担当している。著書に『新たな旅立ちに向かう』『祈り――こころを高くあげよう』『牧師とは何か』（共著）（いずれも日本キリスト教団出版局）、『老いて聖書に聴く』（キリスト新聞社）、『旅装を整える――渡辺正男説教集』（私家版）ほか。

渡辺正男　*12*

夕日の豊かさ

塔和子さんの詩「夕映え」の冒頭に、こうあります。「私の人生は　朝も過ぎ昼も過ぎ　夕日のいまだ照っているような」と。私の現状をよく語ってくれているように思えます。

引退してから、かなりの年数になります。しかし、その暮らしにいまだに慣れきれなくて、人生の午後も遅い夕暮れ時をどう受け止め、どう生きるのか、いつも問われているような思いです。

私の最後の任地は、千葉県館山の南房教会でした。よく海辺に出て太平洋に沈む夕日を楽しみました。

「海坂」という美しい古語があります。「うなさか」と読みます。作家の藤沢周平が、「海辺に立って一望の海を眺めると、水平線はゆるやかな孤を描く。そのあるかなきかのゆるやかな傾斜孤を海坂と呼ぶ」と記しています。館山で見た海坂に沈む夕日は忘れられません。

夕日には、朝日にはない不思議な魅力があります。「日本一の夕日」と銘打った名所が各地にありますね。夕日の魅力は何なのでしょう。

吉田健一の『旅の時間』を読んでいて、こんな文章に出会いました。

「夕日っていうのは寂しいんじゃなくて豊かなものなんですね。それがくるまでの一日の光が夕方の光に籠っていて朝も昼もあった後の夕方なんだ。」

夕日には、朝の光も昼の光も籠っている。夕日の豊かさは、それまでの一日の光が籠っている故なのだ、と言います。確かにそうですね。これは、歳を重ねてきた私たちの人生の歩みにも言えることではないでしょうか。

引退後の今の日々は、人生の夕暮れ時ですけれど、でも朝も昼もあった後の夕暮れですね。

この夕暮れの時間には、若い時の恥多い日々も、壮年の時の務めに追われた日々も、みな含まれていると言わねばなりません。

その、これまでの歩みのすべてが、恥多きこと悔い多きことも含めてすべてが、主なる神の赦しの中に、「よし」として受け入れられている。その主の赦しの恵みをかみしめる時間として、今の時を与えられているのではないか、私はそう思っています。

病院通いも増しています。気力も体力も衰えてきました。少しずつ、主なる神にお返しするのでしょう。

でも、人生の夕方は、夕日が豊かであるように、これまで以上に主の恵みを味わいかみしめる時なのですね。

「夕べになっても光がある。」（ゼカリヤ書14章7節＝新共同訳）

渡辺正男　*16*

丸い背

3年前、80の大台に乗った時に、親しい方から、「アラ傘の仲間にようこそ」と声を掛けられました。「傘寿」という言葉から、80代を「アラ傘」と呼ぶのだそうです。

「アラ傘」の仲間に加わった頃から、気力体力の衰えを意識するようになりました。年相応にあちこちにガタがきて、不自由も増してきています。でも、もう少しがんばろうよ、と自分に言い聞かせて、早朝のウオーキングを日課にしています。

息子が万歩計を贈ってくれました。歩数だけでなく、消費カロリーなどいろいろ計測のできる優れものです。それをポケットに入れて1時間弱、人目をはばからず腕を振って歩くのです。

ある日、お店の大きなウインドーに、まるい背の、少し腰の曲がった人が映っていました。よくよくなじみのある老人です。どこか過信している自らの実像を、目の当たりにした瞬間でした。

数日後、連れ合いが新聞を見ながらニヤニヤしている。「どうしたの」と聞くと、「この短歌気に入った」と、歌壇欄を指さしたのです。こういう一首です。

「夕暮れの　師走の道を　丸き背で　夫の顔持つ　じいさんが行く」

よくできた一首ですね。

渡辺正男　18

桑野博利という画家がいました。人の背について、こう書いています。岩波書店の「図書」という雑誌で目にした文章の一節です。

「人の背の持つ表情は、顔と変わらないくらい百人百様で、興味尽きない。やさしい背、神経質な背、確信のある背、傲慢な背、それぞれ微妙なニュアンスをもっている。顔には、その人の今が出ているが、背には現在までに至るその人の歴史がにじんでいる。」

特に最後の一文は心に残っています。顔は取り繕うことができるけれど、人の背は正直ですね。

自分のみすぼらしい背に、一体どんな歴史がにじんでいるのだろうと、なんだか情けない気持ちになります。でも、仕方ありません。

19　丸い背

そう言えば、主イエスの背も偉丈夫のそれではありませんね。鞭打たれ、血のにじんだ背であったでしょう。

その主イエスの弟子の端に加えられて長年生きてきました。ですから、貧相な背でよいのではないか――そう居直るように、自分に言い聞かせているこの頃です。

「われらにおのが日を数えることを教えて、知恵の心を得させてください。」（詩篇90編12節＝口語訳）

渡辺正男　*20*

愛誦の言葉

函館に遺愛学院という中高のキリスト教主義学校があります。東京以北の私学では一番長い歴史があります。

私は、以前函館教会の牧師であった時に、遺愛の聖書の授業を担当し、理事の任にも当たりました。今も親しい友人が校長をしていて、卒業礼拝などに招かれることがあります。

その遺愛の歴史の中で、特に大きな足跡を残した人物にデカルソンという米国人教師がいます。ミス・デカルソンは30歳で来日して、長年校長として務めを担い、35年間、人生の大半を遺愛にささげました。清教徒風の厳しい教師でしたが、生徒・職員だけでなく、函館市民からも敬愛されたと聞きます。幼稚園を設立し、函館盲・聾学校設立にも協力して、函館の名誉市民となり、「函館の母」とも慕われたのです。

デカルソン女史は歳を重ねて、引退の時を迎えました。函館を離れる時に、万感の思いを一言、「わが酒杯はあふるるなり」と語りました。詩編23編5節の言葉ですね。「酒杯」にあふれるのはぶどう酒です。ぶどう酒は、主なる神の祝福と恵みの象徴だと思います。「わが酒杯」とは何でしょう。それは彼女の遺愛での歩みであり、そして彼女の人生そのものであったのではないでしょうか。

函館での35年に及ぶ苦労多い日々に、神の祝福は豊かであった――その深い感謝を、彼女は詩編の御言葉で表現したのだと思うのです。

デカルソン校長の話を聞いて以来、この詩編の一節は、私の愛誦の聖句になっています。

最後の任地は、千葉県房総半島の最南端、館山の南房教会でした。南房教会を辞す時に――それは牧師を引退する時でしたが、感謝の思いを、デカルソン女史にあやかって、「わが酒杯はあふるるなり」と語りました。

引退して早10年にもなります。親しい者や友人を何人も天に送りました。80代も半ば近くになり、そろそろ心の旅装を整えなければなりません。

顧みると、思いがけない道を歩んできました。恥ずかしいこと、悔いることがたくさんあります。その歩みをどう総括したらよいのでしょう。

失敗や過ちにいや増さる神の祝福が豊かであった、「わが酒杯はあふるるなり」――とそう言えたらいいですね。

「あなたは……わたしの頭に香油を注ぎ
わたしの杯を溢れさせてくださる。」（詩編23編5節＝新共同訳）

渡辺正男　*24*

うれしかったこと

これまでの歩みを振り返ると、失敗したこと悔いることが多くあるのですが、でも、うれしかったこと、支えられたことも少なくありません。

私は、神学校の学生の時に、伝道実習のために約半年、浜松市郊外にある浜北教会に遣わされました。指導教師の伊藤恭治牧師から、「近くの二俣に行き、高校生を対象に聖書の集いをしてみなさい」と課題を与えられました。二俣というのは、浜松のすぐ北の天竜市のことです。

二俣の公民館を借り、「聖書の集い」のチラシを用意して、二俣高校の前で配りました。女子高校生が2人来ました。週に一度集いを持ったのですが、２人の高校生は一度来たきりでした。私は、その２人に何度か案内のハガキを出しました。でも、その後は姿を見せませんでした。

高校の門の所で何度も何度もチラシを配りましたが、その後だれも来ませんでした。３カ月、毎週公民館でじっと待っている。誰も来ない。その時のわびしい思いをよく覚えています。

20年以上も経ち、国分寺教会の牧師であった時のことです。御殿場教会の礼拝説教を依頼されました。礼拝が終わって、皆で食事をしていると、子どもを連れた女性が、懐かしそうに話しかけてきました。

「先生、このハガキを見てください」と言って、彼女は数枚の古ぼけたハガキを差し出しました。それは、二十数年前の、二俣での「聖書の集い」の案内のハガキでした。彼女は、二俣の「聖書の集い」に一度だけ来てくれた高校生でした。

「先生から何度もハガキをもらい、いつか教会に行こうと思いました。今は、御殿場教会の会員です」と話してくれました。

私は、言葉もありませんでした。労多くして実り少ない人生と、長年つぶやいてきました。でも、この愚痴の多い歩みも、主なる神の温かい計らいの中にあるのではないか――そのことを、この時理屈ではなくて、体験として教えられました。心の底を支えられるうれしい出来事でした。

今なお、自分の人生はこれでよかったのか、と悔いることたびたびであります。けれど、御殿場での出来事は、まことに温かいものでした。

私たちの迷い続きのささやかな人生も、主の慈しみの御手の中にある、と言わねばなりませんね。

27　うれしかったこと

「あなたのパンを水に浮かべて流すがよい。
月日がたってから、それを見いだすだろう。」
（コヘレトの言葉11章1節＝新共同訳）

私のふるさと

救い主の誕生を語るルカ福音書2章に「人々は皆……おのおの自分の町へ旅立った」（新共同訳）とあります。この「自分の町」を、以前の文語訳聖書は「故郷」と訳して、「ふるさと」とルビを振っています。

歳を重ねたからでしょう、「ふるさと」を想い、来し方行く末を思い巡らすことが多くなりました。

私の「ふるさと」は山梨県の甲府です。少年時代を甲府で過ごしました。仕事に追われて、長年足が遠のき、身内の者とも縁が薄くなっていましたが、引退してからは、しばしば甲府を訪ねるようになっています。

藤沢周平が、「ふるさとへ廻る六部は気の弱り」という言葉を紹介しています。「六部」は、巡礼といった意味ですね。ふるさとを訪ねる――それは歳を重ねた者の「気の弱り」だと言うのです。

ハンセン病を病み、目が不自由になった方が、「ふるさとに帰りたいね。ふるさとの土や、水や、風に触れて死にたいね」としみじみ語った言葉が忘れられません。

「ふるさと」への想いはいろいろですね。

「生まれ故郷としてのふるさと」に加えて、「心のふるさと」、「魂のふるさと」とも呼べるものもあります。内村鑑三は、「自分の心のふるさとは札幌である」と言いました。内村は札幌農学校に学び、よき師、よき友、そしてキリスト教信仰に出会ったのです。

私の「心のふるさと」は、と思いを巡らします。それは、仕えてきた5つの教会ではないかと思うのです。多くの人に出会い、喜び悲しみをかみしめました。特に年を取ってから仕えた青森と館山の伝道所には、思い入れの強いものがあります。

青森にいる時に、ハンセン病療養所松丘保養園内のキリスト教松丘聖生会の礼拝に出席しました。その聖生会の会堂入口には、「我らの国籍は天に在り」と書かれた看板がかかっています。

「生まれ故郷としてのふるさと」、「心のふるさと」に加えて、「天のふるさと」が与えられているのですね。

ある牧師が「そう、ぼくらは前に帰るのです」と言いました。

来し方だけでなくて、行く末にも、「天のふるさと」にも思いを馳せる
――老いた今はそういう時なのでしょう。

「私たちの国籍は天にあります。」
（フィリピの信徒への手紙３章20節＝聖書協会共同訳）

渡辺正男　32

田河水泡さんのこと

牧師として最初に仕えた教会は、小田急線玉川学園前駅に隣接した玉川教会でした。教会員に漫画『のらくろ』の作者、田河水泡《たがわすいほう》さんがいました。苦労人で人情の厚い田河さんは、新米の私を何かと応援をしてくれました。後に、田河さんが90歳で亡くなった時、『信徒の友』誌に感謝の追悼文を書かせていただきました。その田河水泡さんのことを少しお話ししたいと思います。

漫画『のらくろ』に、こんなエピソードがあります。日曜日、外出許可がおり、仲間の兵隊たちはみな家族の所に帰っていく。「のらくろ」には親も家もなく帰るところがない。ひとり残された「のらくろ」の目から涙がポロりとこぼれる——すると、子どもたちから「今度の日曜日はボクの家にお出でよ」と投書が殺到したという。

「のらくろ」（野良犬黒吉の略）は、田河さんの分身ですね。「冬をすぎてきた人」（潤子夫人の言葉）である田河さんの、人の痛み悲しみを深く知る優しさが「のらくろ」ににじみ出ているのです。

「帝国軍人を『のらくろ』呼ばわりするとは何事か」とにらまれましたが、田河さんは譲りませんでした。ただ、「憲兵の脅しに委縮して、ひと頃、軍に迎合する漫画を描いてしまった」と、つらそうに話してくれたことがあります。

田河さんは、弟子の長谷川町子さん、潤子夫人と続いた信仰のバトンを受け継ぐようにして、53歳の時に洗礼を受けました。洗礼の時の思いをこう記しています。

「信仰というのは頭の問題ではなくて、肚（腹）の問題なのだと気づいて、肚で信じることにしたのだ。」

（『私の履歴書　芸術家の独創』日本経済新聞社）

当時の玉川教会の会堂は、古びた小さな建物で、トイレは会堂の後ろについていました。そのトイレの掃除を田河さんが毎週のように担ってくれました。玉川学園の街の大通りを、掃除道具を担いで闊歩する田河さんの姿をよく覚えています。

田河さんは『人生おもしろ説法』（日本キリスト教団出版局）に、「私は……信仰態度はぐうたらです」と語った後、でも「びりでもいいから、ゴールまで完走しようと心に決めています」と述べています。

深酒することも、横道にそれることもあった。でも、田河水泡さんは90歳の12月に「いい人生だった」とつぶやいて、信仰の歩みを全うしたのでした。

田河水泡さんに倣って「びりでもいいから」、信仰の歩みを何とか完走したいですね。

「自分に定められている競走を忍耐強く走り抜こうではありませんか。」（ヘブライ人への手紙12章1節＝新共同訳）

渡辺正男　*36*

旅装を整える

昨年の秋、体調を崩して一カ月ほど床につきました。気力も萎えて無為の情けない日々でした。遺言を準備しなくてはとも思いました。

遺言については思い出があります。以前仕えた国分寺教会に「あたため会」という高齢者の集いがあり、その集いで遺言について学習の時をもったのです。その学習会の数日後に、「あたため会」のひとりが天に召されました。脳梗塞で急逝されたのです。

遺言が残されていました。「ひと言書き残します」と言って、一緒に暮らした娘さん夫妻に「お世話になった、ありがとう」と感謝の言葉、90年の簡潔な自分史、そして葬儀など具体的な願い、の三つのことが書かれていました。鉛筆をなめながら書いた感じの見事な内容でした。

私は昨秋、遺言を用意できませんでした。元気な時であれば一気に書けたでしょう。けれど、80代半ばのフレイル状態で遺言を書くのは容易ではなかった。それに、最期を受け入れる心構えもできていなかったのです。

朝日俳壇選者の長谷川櫂著『俳句と人間』（岩波新書）を読みました。芭蕉の最後の句「旅に病で夢は枯野をかけ廻る」に触れて、「人間であるかぎり安らかな死などないのだ」と厳しい言葉を記しています。信仰の先達、三浦綾子さんの言葉も想起します。

「『もう何もすることはない』という人はいない。もう一つ『死ぬ』と

いう栄光ある仕事が待っている。」（『北国日記』集英社文庫）

「安らかな死などない」、でもその死は「栄光ある仕事」であると言う。私たち一人ひとりの避けることのできない課題ですね。

使徒行伝21章15節に「旅装を整えて」とあります（口語訳）。パウロが死の危険を覚悟してエルサレムに旅立つ時の言葉です。「旅装を整えて」には、「内面の旅装」を整えることも含まれているように思えます。

私もキリスト者として、「旅装」を整えねばなりません。人生の最期を受け入れる「心の旅装」を整え、遺言も用意する、そして主の計らいに身を委ねたいのです。

けれど、生き急ぐことはない。残されている一日一日、主の恵みを味わい、平和を祈りながら、ゆっくりと歩みたい――そんな生き方を思いめぐらすこのごろです。

「木の葉ふりやまず　いそぐな　いそぐなよ」（加藤楸邨《かとうしゅうそん》）

「急いで出なくてもよい。
逃げるようにして行かなくてもよい。
主があなたがたの前を行き
イスラエルの神がしんがりとなるからだ。」
（イザヤ書52章12節＝聖書協会共同訳）

夕陽（撮影：脇林 清）

小島誠志

おじま・せいじ　1940 年京都生まれ。58 年日本基督教団須崎教会で受洗。東京神学大学大学院修了。高松教会、一宮教会を経て 81 年から松山番町教会牧師。96 年から 2002 年まで、日本基督教団総会議長を３期６年務める。総会議長として「伝道の使命に全力を尽くす」「青年伝道に力を尽くす」などの伝道議決をした。議長引退後は、仲間と共に「日本伝道会」を立ち上げて伝道に取り組む。現在、愛媛県の日本基督教団久万教会牧師。著書に『わかりやすい教理』『牧師室の窓から』『祈りの小径』『55 歳からのキリスト教入門』（日本キリスト教団出版局）、『夜明けの光』（新教出版社）、『夜も昼のように』『わたしを求めて生きよ』『朝の道しるべ』『虹の約束』（教文館）など多数。

小島誠志　*42*

断捨離

71歳になって31年間勤めた教会をやめる時、断捨離のつもりで所持していた書籍を大部分処分しました。

教会から献身した4人の牧師たちにそれぞれダンボールに入れて送り、それから自分の関係しているキリスト教施設の図書館に献品しました。

一つの区切りをつけられた、と思いました。がらんとした部屋を見渡して気持は清々しました。

しばらくの間。

四国山地にある教会から依頼があり、赴任することになりました。説教をしなければなりません。準備をしていると、調べなければならないこと、確認したいことが次々と出てきます。

書斎から周りを見渡しても必要な本が見当たりません。キリスト教書店に走ります。古書店にキリスト教関係の本があったらできるだけ購入しました。

東京に出たときには早めに行き古書店めぐりをします。神田は高価なので早稲田から高田馬場まで隈なく歩きます。行きか帰りかには「教文館」は欠かしません。

まるでお腹のすいた子どもが食物をむさぼるように本を買い集めました。

結果、おびただしい本が狭い家の1階、2階の各部屋を占領するようになりました。

玄関から足を踏み入れる廊下にいきなりデーンと高い本箱。応接室のはずが本箱に納めきれない本が四方の足元に置かれ、お客さんを案内することができません。

2階の空部屋、子どもが帰省した時に使えるはずですが、そこも本とCDの山。CDはジャズとクラシック他で3千枚ほどか。2階の北隅に書斎があり、註解書ほかキリスト教関係の本たち。

断捨離した8年前より明らかに多くなっています。


私のこの文を読んで私の年齢を数えられた方がおられるでしょう。そんなに本を集めて読めるのか？　そう聞きたいだろうと思います。

むろん、それは本を買う時いつも自分に問うていることなのです。読めないでしょう。とても。


でも80年近く生きてきたら、思いもよらなかったことに出会い、目を開かれます。こんな世界があったのか、と思わされます。

断捨離をして自分の世界を狭める必要があるのか、今はそう考え、開き直っています。

ご同輩、眼前に開けてきたいよいよ広い世界への扉を閉じてしまうのは止しましょう。

「人間にとって最も幸福なのは、喜び楽しんで一生を送ることだ」（コヘレトの言葉3章12節＝新共同訳）とあるではありませんか。

小島誠志　*46*

空気を読まない生き方

わが国は、ファシズムの戦前から、敗戦を契機にして戦後は急激に民主主義に転じたという。

それから70有余年、その民主主義は果たして日本に定着しただろうか。ファシズムに抗しての民主主義とは少数者の声が聞かれることだと思う。ファシズムの下で踏みにじられてきた少数者の声、叫び。

日本において民主主義はそういうふうには受け取られてこなかったと思う。むしろ民主主義は多くの人間の声が作用する社会だと受け取られてきたように見える。

「多数決」である。最大多数の最大幸福というわけである。その原理が蔓延した結果、少数者の声は聞かれなくなった。

ＫＹという言葉が10数年の間にすっかり日本社会に定着してしまった。「空気が読めない」という言葉の略だという。会社であれ地域であれ学校であれ、その場の雰囲気を理解できずに行動したり発言したりする人間を批判する主旨で用いられている言葉である。

よく考えてみればこれは日本社会に、戦前どころか1千年以上いや2千年来、脈々と生き続けてきた村八分の思想そのものではないか。長期安定政権を支えてきた原理もこのあたりにあると思う。

福音書の中に、悪霊につかれた男がキリストに出会った時のことが記されている。

キリストに出会った時、男の中の悪霊が叫ぶのである。自分たちを追放するなら、あそこにいる2千匹の豚の中へ追放してくれ、と。キリストが2千匹の豚の中へ悪霊を追放する。すると2千匹の豚は一勢に駆け出し、岸壁から湖の中に飛び込み溺死した、と記されている。

悪霊の正体が描かれている。悪霊は群れになるのである。群れになって疾走する。そして一緒に壊滅する。

悪霊につかれるとは、群れて生きるということである。自分の分別判断ができないで、人々の動向に従うのである。

人間が滅びるのは一緒に走って一緒に滅びる。悪霊を追い出してもらった男は「服を着、正気になってイエスの足元に座って」いた（ルカによる福音書8章35節）と記されている。救い主に向き合うひとりの人間になって、人は初めて「正気」なのだ、ということを忘れてはならない。

年をとれば、自分の生きてきた経験がいかにかけがえのないものかが分かる。その経験に培われてきたゆずれない判断、主張というものがある。ズルズルと時代に流されるだけの高齢者になるのはやめよう。

あえてKYであろうとすることが、キリスト者であることなのかもしれない。

小島誠志　50

蓄音機と歌謡曲

父が、戦後まもなく田舎の駅前に粗末な家を建て飲み屋を始めました。私が小学1年生の時でした。

飲み屋ですから夜が賑やかです。男の大声、女性の甲高い声が入り乱れます。その間をぬって絶えず聞こえてくるのは蓄音機からの歌謡曲です。小学生にはその内容は分かりませんが、情緒が体に染み込んできます。

レコードはあまり多くは売り出されてはいませんでしたが、戦前の歌謡曲が盛んに流されていました。「赤城の子守唄」「影を慕いて」「湖畔の宿」「蘇州夜曲」ほか多数。戦後のものとしては「リンゴの唄」「啼くな小鳩よ」「星の流れに」などなど。

この後には美空ひばりだの、ずっと遅れて三橋美智也だの春日八郎だのと続いていくのです。

昼間いっぱい遊んで疲れて、夜布団に入るころ、眠りかけている頭にその種の音楽（？）が侵入してくるのです。

先に「体に染み込」むと書きましたが、まさにそれが実感です。覚えたくて覚えたのではありません。否応なしに覚えさせられたのです。その癖は長じても直りませんでした。どこからか歌謡曲が聞こえてくると耳が引っ張られるのです。

神学校に入ってからのことです。寮の風呂で「泣くなよしよし　ねんねしな……」と口ずさんでいました。

近くにいた尊敬する先輩が近づいてきて「君はそういう歌好きかい」と尋ねてきました。はっとしました。この歌を歌った歌手とその先輩の姓が同じだったからです。そう言えば体つきもスラッとしていて背が高いではないか。甥……？

緊張してそのことを尋ねる勇気はありませんでした。

なんと無駄なものをいっぱい自分の中に溜め込んできてしまったのだろう、とずっと悔いてきました。その無駄が無駄ではなくなる日が来ようとは！

70代後半になって、キリスト教主義の病院にボランティアとして行くようになりました。

病院の4階にホスピス病棟があり、妻が毎週木曜日、ケーキなどを作って参加しているのに付いて行き、私は入院している方々の好きそうな曲をハーモニカで演奏します。できるだけリクエストに応えるようにしています。いずれにしても古い歌謡曲が好まれます。自分の体に混沌と渦巻いていたメロディーがあふれ出てきます。

人生に無駄はない、そう思っています。昔の讃美歌にもこんな一節がありましたっけ。

水の上《え》に落ちて、
ながれしたねも、
いずこのきしにか
生いたつものを。（讃美歌54年版536番）

小島誠志　54

ついてない、ということ

倉本聰脚本のテレビドラマ『やすらぎの刻～道』を楽しみに観ていました。ドラマの主人公と思しき男の口ぐせが「ついてない」という言葉でした。

共感しました。つい最近まで、自分はついてない、と思い続けてきたように思います。

駅前の飲み屋などという環境の悪いところで、なんで育たなければならなかったのか。もう少し自分に能力があれば、もっとできることはいっぱいあったのに。

ついてる人はトントンと階段を上がっていくのに、愚鈍な自分は次元の低いところで泥土に足をとられながらジタバタしている。道草。

「ついてない」。

ルカによる福音書19章11～27節に、ムナのたとえがあります。「ある身分の高い人が、王の位を受けて帰るために、遠い国へと旅立つ」のです。その際彼は、10人の僕を呼んで10人に10ムナの金を渡した、というのです。そして「私が帰って来るまで、これで商売をしなさい」と言って旅立ちました。

並行記事がマタイによる福音書25章14～27節にあります。そこでは金持ちの主人が僕たちを呼んで、ある僕には5タラントン、ある僕には2タラントン、ある僕には1タラントンを預けて旅に出たとなっています。

二つのたとえ話は似ているようで決定的に違っています。「身分の高い人（主人）」がそれぞれ僕たちに多額のお金を預けるのですが、ルカでは1ムナずつ等分に預けるのです。マタイではそれぞれに5タラントン、2タラントン、1タラントンを預けます。マタイの方が分かりやすいのです。

救い主から預けられた賜物が違う。たいていの人はこう思います。1タラントンの人というのは自分のことだ、と。他の人間と比べてタラントンが少なくとも、腐らず、喜んで働かなければならない、と。

しかし、ルカのたとえ話の意味が最近分かるようになりました。預けられた賜物は同じ、というメッセージなのです。人の目には恵まれている5タラントンに見える。賜物に恵まれていない1タラントンに見える。

しかし救い主の目から見たら、みんな同じなのです。上も下もない。救い主の恵みにこたえる賜物はそれぞれ十分に与えられている――そう言われているのです。

「ついてない」なんてことはないのです。

病を取り去ってくださいと祈るパウロに主はこたえられました。
「私の恵みはあなたに十分である」（コリントの信徒への手紙二12章9節＝聖書協会共同訳）と。

あいさつ

朝と夕、食後に散歩するようにしています。糖尿病のため、散歩はしなければならないのです。

近所は元々農村地帯であったところにバタバタと家が建った急造の住宅地なので、道が入り組んでいます。かつてあぜ道だったと思われる小路が縦横に走っていて、ぐぐっと曲がっていたり、突然、畑や稲田が現れたり、行き止まりだったり、変化に富んでいて散歩には絶好の条件がそろっています。

ところが困ったことが一つ。

変化に富んだ風景の中に人が現れるのです。出勤しているサラリーマン、

59　あいさつ

近くの大学や高校に通っている学生、当方と同じように散歩している人、犬を連れた女性……。そういう人たちが向こうからこちらに向かってやって来るのです。

生来の人見知りの性格で、当惑してしまいます。当初は、あらぬ方に視線をそらしやり過ごしていました。これを繰り返していると、どうにも後味が悪い。「神の言葉を人に取り継ぐ牧師ではないか」という声が、自分の中から聞こえてくる……。

一大決心をしました。

「あいさつをしよう！」

途中に行き交う人にあいさつをするようにしました。

「おはようございます！」

「こんばんは！」

たいていは、あいさつをすればあいさつが返ってきます。返ってこないこともあります。しかし、時には中学生の男の子が「おはようございます！」と元気に声をかけてきます。ふっと気持ちが温かくなって、思います。「あと50年、この日本も大丈夫だ」と。

あいさつはそれほど難しいことではありませんでした。それどころか、あいさつを交わすたびに、窓が一つひとつ開いてくるような気分になりました。黙って目をそらしながら行き交っている時、相手のことを、「素性の分からぬ怪しい人間」と思っていたのだろうと思います。

要するに「他人」なんですね。

ところが、「おはよう」「おはようございます」とあいさつを交わす時、

「他人」が、血の通った、喜怒哀楽を共に生きている「隣人」になるのです。

散歩しているのはたいてい高齢（僕と同じ）の方です。そういう方には特に心がけてあいさつするようにしています。あいさつすると、うつむきがちに歩いていた人が顔を上げます。顔に光が射したような表情になります。

ぼくは心の中でこう呼びかけています。

「お互い今日も生かされてますよね。ご同輩、元気にいきましょう！」

「聖なる口づけをもって、互いに挨拶を交わしなさい。」

（ローマの信徒への手紙16章16節＝聖書協会共同訳）

口づけとまではいきませんが、あいさつは、父なる神のもとにあって互いに兄弟姉妹である、という証しの始まりだと思います。

ハーモニカ

ハーモニカを吹き始めたのは高校に入ってからでした。入学してすぐ、憧れの文学部に入りました。高尚《こうしょう》な文学談義を聞けると思っていたのが、アテが外れました。部員は男ばかりで、少しばかり不良っぽい連中の集まりでした。

学校の女の子の噂をしていました。「あのこの家はどこにある？」と聞いてくる先輩もいました。アテは外れましたが、先輩たちの不良っぽさにひかれるようになりました。子どもがいきなり大人の世界に引き込まれた具合でした。

あるとき、その先輩の一人と汽車に乗って近くの小都市に出かけることがありました。

列車のデッキで先輩は小さなハーモニカを取り出しました（今思えば、10穴のハーモニカだったのでしょう）。小さなハーモニカを口に咥えて、いきなりアメリカンポップスを吹き出しました。見事な音でした。あの小さな楽器からこんな見事な演奏ができるのか、と圧倒されました。不良の憧れとハーモニカへの憧れが結びついた時でした。

ハーモニカを買って最初に吹けるようになったのは、「荒城の月」でした。それから、「枯れすすき」。一曲マスターすることが大事、あとは少しずつ吹けるようになります。

幸い不良にはなりきれず、一年浪人して神学校に入りました。神学校の寮でも日本の古い歌謡曲ばかり吹いていたので、「右」だと思われていたでしょう。「蒙古放浪の歌」とか「いのち短し　恋せよ乙女」とか。

神学校を卒業して10年以上経つと、礼拝のあとで讃美歌や唱歌を吹くようになりました。ヨソの教会に招かれると礼拝のあと、一曲か二曲吹かせてもらうこともありました。

大分県の教会の集会に招かれたとき、サービスのつもりで讃美歌とあと一曲演奏させていただきました。「竹田の子守唄」。あとで知ったことですが、この「竹田」は大分の竹田ではなく、京都の竹田だったのです。

4百人近い礼拝をする教会に招かれたことがあります。礼拝のあとに、修養会がありました。その始まりに司会の女性に「ハーモニカを」と望まれたのです。「山路越えて」「アメイジング・グレイス」「行け、モーゼ」など吹かせていただきました。3百人以上の聴衆を前にハーモニカを演奏をする。これはこの道の専門家でもめったに経験できないことです。

……しかし、あとになって気がつきました。あの3百人以上の方々の中には音大出の方も、自分などよりははるかにハーモニカの上手な人もいたのではないか。

思い出すたびにちょっと背中が寒くなります。

「主を賛美するために民は創造された。」（詩編102編19節＝新共同訳）

上手でなくても主を賛美したんだから。まっいいか。

大島青松園「霊交会」

1966年6月秋、わたしは神学校を卒業して初めて赴任した高松教会の担任教師としてハンセン病療養所大島青松園を訪ねました。そこにあるキリスト教会「霊交会」での礼拝を守るためです。当時青松園には7百人近い療養中の方々がおり、その十分の一にあたる70名近い霊交会員がいました。礼拝出席は15人前後。毎週火曜日に高松市内の諸教会の牧師が交代で説教することになっており、そのときから月一回をわたしたが担当することになりました。

クリスマス礼拝には、市内の諸教会の信徒の方も加わり、牧師も15人前後参加し、総勢70人程の礼拝になりました。牧師は講壇の上に座り、信徒の方々は療養者の方々と一緒に会衆席に座りました。

7年後のクリスマスには、わが家の4人の子どもたちを連れて参加しました。子どもたちは歓迎されました。一番下の次男がぴょこんと頭を下げて挨拶したとき、大きなどよめきと歓声をもって迎えられたので、彼は調子に乗って何度もお辞儀をしました。彼は3歳でした。

それから年に数回（学校や幼稚園に差し支えがないとき）、家族で行くようになりました。行くたびにたくさんのお土産をもらえるのです。走ったり騒いだりしても誰にもとがめられません（かえって喜ばれるくらい）。もう一つ子どもたちにうれしかったのは、帰りに船から降りて街のラーメン店に立ち寄ること（当時は高松の郊外で開拓伝道をしていました）。

霊交会の代表を長く務められたS兄は殊に子どもたちをかわいがってくだ

さり、大阪の球場に二度連れて行ってくれました。高松を離れて松山に赴任するときには料理店で別れの宴席を設けてくれました。

忘れられない光景があります。礼拝の帰り、いつも数人の霊交会員が港に来てくれるのです。船が港を離れるとき手を振ってくれます。背の高いS兄の手は船が視野から消えるまで振られていました。

夏帽の　まだ振られている　別れかな

そのS兄が全患連の会長として先頭に立ち、国賠訴訟の戦いを導いたのです。

わたしが大島青松園の礼拝に行き始めて56年、いま青松園に療養しておられるのは、30数人、霊交会員は3名。毎週の礼拝は守れなくなっています。

しかし、ここでの礼拝がなくなることはしのびないと歌手の沢知恵さんが責任を持って月一度の礼拝を用意してくださっています。彼女の父君、澤正彦牧師は東京神学大学の霊交会への最後の夏期伝道生として青松園の人々に忘れ難い奉仕をされました。

伝道者としての長い年月、行き詰まり途方に暮れることは何度もありました。そんな時、自分には帰れる家があったと、いまつくづく思わされています。大島青松園「霊交会」。

「悲しむ人々は、幸いである、その人たちは慰められる。」
（マタイによる福音書5章4節＝新共同訳）

より深い悲しみを知っている人によって、人間は慰められるのではないか、と思う。

大島青松園から見た瀬戸内の夕陽（撮影：脇林 清）

島　しづ子

しま・しづこ　1948年長野県生まれ。農村伝道神学校卒業。1974年夫・勉が名古屋市・日本基督教団鳴海教会に着任。1978年夫・勉の死後、鳴海教会牧師と付属エリヤ愛育園園長就任。1987年鳴海教会辞任。みどりファミリー（障がいを持つ人が地域で暮らすことを考える会）結成。2009年度愛知県弁護士会人権賞受賞。2020年より日本基督教団うふざと伝道所牧師。著書に『あたたかいまなざし――イエスに出会った女性達』『イエスのまなざし――福音は地の果てまで』『尊敬のまなざし』『沖縄・辺野古通信――見習い船長のまなざし』（いずれも燦葉出版社）。

島　しづ子　72

我々は「年寄り」だから

２００１年４月のこと。フランスのラルシュ・ホーム（ラルシュ共同体）を訪ねた際に、受け入れてくれたOさん（60代）が「せっかくだからテゼに行きましょうか？」と言ってくれた。

Oさんは長年ラルシュ・ホームで働いてきた方である。私（50代）とKさん（30代男性）、Yさん（50代女性）は物珍しさにつられてテゼまでTGV（高速鉄道）、バス、徒歩で向かった。

パリ北駅構内で財布を手に持って移動すると、Oさんに「それは危険です。しまってください」。自分の荷物を網棚に上げようとすると「島さん、我々は年寄りなんですから、そんなことすると、男性であるKさんになぜ任せないのかと周囲の人が見ます。Kさん、私たちの荷物を網棚にお願いします」。こんな感じで旅が続いた。

目的地に着いて「我々年寄り組みは、テントでは寒すぎますから、小屋を取りましょう。それと2泊する予定ですが、ここは1日の間に夏や冬が来るような場所です。4月ですが、寒すぎて耐えられない時は1泊で帰りましょう」と言った。

翌朝、雪が降り、寒い中、水のシャワーに並ぶ人もいたりしてびっくりした。テゼでは世界中から来た若者たちが静かに祈り、共に賛美していてすばらしい経験をした。ブラザー・ロジェやブラザーたちが子どもたちと並んで座って祈っている姿もまぶしかった。

が、同行していたYさんが怒り出した。

「Oさん、年寄り、年寄りって言いすぎよ」。

60代に入ろうとするYさん、それより少し年上のOさん。困惑した私は「Oさん、『年寄り』って言うのやめてくれませんか。Yさんが怒っていますし、私も気分はよくないです」。

Oさんは「分かった、言わないようにする。でも我々は年寄りなのよ。若い人たちと働いていると、自分から『私は年寄りなんだ』と言わないと、理解してもらえず、無理しちゃうことがあるのよ。我々はずっと働いてきたんだから、堂々と若者の世話になっていいのよ」と言った。

その時に私自身が歳を取ることをマイナスと考えていたことが分かった。

Oさんの考え方は、ラルシュ・ホームで弱さを隠すことなく堂々と生きる仲間の姿から導かれてきた思いなのだろう。その考え方を教えてもらったおかげで、20年間老いて失敗ばかりする自分を笑い飛ばしてこられた。

「それどころか、体の中でほかよりも弱く見える部分が、かえって必要なのです。」（コリントの信徒への手紙一12章22節＝聖書協会共同訳）

神の宝の民は

私には孫息子が2人、孫娘が3人いる。

孫娘の家には数年間毎週木曜日に通った。息子が準夜勤だったため、子どもたちの夕食と入浴の手伝いをするためだ。一番小さい孫娘を抱いて入浴中、するっと腕からすべって落ちた時はびっくりした。

そんな孫たちもそれぞれ自分で入浴できるようになり、手伝いもいらなくなった。

ある日、一番上の孫娘が「敬老の日」のお手紙に「島ばあ、一緒に遊んでくれてありがとう」と書いてくれた。実はこの遊ぶというのがハードだ。

孫娘たちはレスリングが好きだった。お姉ちゃんたちは手加減してくれるのだが、末の孫娘は思いきり体当たりしてくるので老体には応えていた。「タイム！　タイム！」と言っても「タイム無し！」と容赦がない。

次第に孫たちも私が年寄りであることが分かって、遊びは坊主めくりやカルタになった。

末の孫が3歳のころ、難しいパズルを黙々と挑戦して完成させた。「Nちゃん、偉いね！」と褒めると、

「ばあばも大きくなったらできるようになるからね」と答えた。

「えっ！」。

Nちゃんはお姉ちゃんたちに負けないように背伸びし、できないと悔しがった。だからお母さんが「大きくなればできるよ」と励ましていたんだろ

うと思う。

年下の孫息子とは幼児期から5年生まで放課後などを一緒に過ごした。ある日、この孫息子がトランプを教えてくれた。

時々、私は彼が何を言っているのか分からないことがあり、上の孫息子に通訳を頼んだこともある。なんとか、トランプの説明が終わった時、「おばあちゃん、分かった？　忘れちゃだめだよ、すぐに忘れるんだから」と注意された。そもそも説明がよく分からなかったのだが、「はい」と答えた。

ある日、2人で外出した時に「Iちゃん、何年生になったんだっけ？」と聞いた。返事がない。もう一度聞いたら。「前に教えた」と怒ったように答えた。

そうか、何度も聞いていたんだなあ。今も何年生か聞きたいが、もう聞けないなあ。

これからいろいろなことができるようになっていく孫たち。これから忘れることが多くなる自分。それも受け入れていかなくてはね。

「あなたは、あなたの神、主の聖なる民である。……主が心引かれてあなたたちを選ばれたのは、あなたたちが他のどの民よりも数が多かったからではない。あなたたちはどの民よりも貧弱であった。」

（申命記7章6、7節＝新共同訳）

島　しづ子　80

大丈夫じゃないよ！

孫に「おかわりは？」って聞いたら「大丈夫です」と返ってきた。「どっちよ？　お代わりするの？　いらないの？」と聞くと「大丈夫って言ってるでしょ」とのこと。

その直後、飛行機に乗った。アテンダントが隣の若い男性に「お飲み物はいかがですか？」と聞いた。男性は「大丈夫です」と言った。それで、若い人たちに「分かった、『大丈夫』は『いらない』ってことなのね？」と確かめてみた。そうだと言う。

いつからそういう使い方するようになったんだ？　まあ時代は我々の時代ではないので慣れるしかない。

私の友だちは70歳以上が多い。

この間、名古屋で若い時から小さなトラブル満載の3人で待ち合わせをした。約束の場所で3人目を待つこと30分。いつも早めに来る人なので、心配になり電話をするも出ない。何度もかけてやっとつながった。「降りる駅を間違えた」と言う。「なんで？　名古屋生まれでしょう！」とは言わなかったが、「じゃ、気をつけて来てね！」と待った。

なんやかやで到着した友だちに「大丈夫？」と少し非難めいた口調で言った。するとびっくりした答えが返ってきた。

「大丈夫じゃないよ。毎日こんなことばかりだよ！」だって。

「大丈夫じゃないよ！」――素直に言える人はすごいと感心した。

1年前かな？　その友だちの財布紛失事件があった。車の中を捜索し、直前に行ったお店にも問い合わせをし、交番にも届けた。その後、自宅のソファーの脇から出てきたということがあった。

3カ月前には携帯紛失。行きつけのジムのトイレに置き忘れ、誰かが事務所に届けてくれて無事に戻った。本当に大丈夫じゃないお年頃だ。


私は年のせいで耳の聞こえが悪い。

ある時息子から「聞こえないのか！」と言われた。「聞こえてないよ」と答えると絶句してた。

我ら老人クラブでは互いの老いを面白がっているが、周囲の若者には迷惑かもね。が、誰もが通る道だからね。


困っている人を路傍で見かけることがある。SNS情報によると、その時に「大丈夫ですか?」と聞くと倒れている人も「大丈夫です」と答えてしまうので、「お手伝いできることありますか?」などと声をかけると、相手はお願いしやすいと知った。

そうか！　そうだな。

昨日、トイレにこもって出てこない人がいたので「大丈夫？」ではなく、「何かできることありますか？」と声をかけてみた。

「大丈夫です」との返事。

よかった。

「主があなたと共におられる。」（ルカによる福音書1章28節＝新共同訳）

島　しづ子　*84*

後悔しないために

よく失敗をする面白い神父がいた。
同じ町のカトリック教会の神父だった。

ある日、私がいたプロテスタント教会に訪ねてきて「核廃絶のために和尚と3人でピースキャラバンをしよう！」と誘ってくれた。3人と有志で広島・長崎の原爆の映像の上映会などを始めた。私が本を出した時は、お寺で出版記念会を開いてくれた。一緒に野宿労働者のための「いこいの家」の支援活動も続けた。時々会長としてあいさつ原稿を書いてくれた。

が、「島先生、僕は何もできなくてごめんね」とよく言っていた。

私は「何もしないで威張る人も多い中、神父は威張らないからいいですよ」と言ったものだ。他の言い方もあったはずだが、失敗ばかりする彼を軽視していたかもしれない。

ある時、神父が遠くの教区に行ってしまった。何もしないから、いなくても同じだと思っていたが、スタッフたちの元気がなくなってしまった。「これでいこいの家は終わりかなあ」と思っていたころ、神父が帰ってきた。スタッフが元気になりスタッフの数が増えた。なぜ？

娘の記念会の司式では、「島しづ子の霊に〜」と故人の名前を間違えた。知人の葬儀ミサの時、名前を間違えないようにと案じていたら、やっぱり間違えた。

ある秋の日に神父の訃報が他の神父からあった。号泣し、次の人に伝えるとその人も号泣。

「えっ！　こんなに愛し、愛されていたの？」と思った。

神父の死後、神父のかつての教会の信徒たちは「U神父に自分の葬式をしてもらいたかった」と語った。慕われた神父の実像を考える。私自身が娘の記念会をお願いした時の心境も振り返る。「僕でいいの？」と言いながら喜んで助けてくれた。


偉ぶらない。失敗を隠さない。

「神父らしくない神父」と言われたU神父。「神父らしさって何だろう？」

私自身も「牧師らしさ」という訳の分からないものに振り回されてきた。誰にとっても自分にないものを求められるのは暴力を受けるようなものだと思う。

教会では時々、権威主義的なあり方を求められる。神父は権威主義とは無縁だった。弱さを隠すことなくひとりの人間として生きた神父。周囲は神父を見守りながら慕い通した。

活動も楽しかったけれど、神父になったきっかけや内的なことを話し合いたかったと後悔している。

老いの日々は友と語り合うことを大事にしよう。

「公正を水のように
正義を大河のように
尽きることなく流れさせよ。」（アモス書5章24節＝聖書協会共同訳）

島　しづ子　88

自分らしく

最近は見なくなったが、数年前まで日曜日の朝、礼拝のための週報ができていなかったという夢や、礼拝を忘れていて誰かに呼びに来られた夢、メッセージ原稿ができていなくて講壇で立ち往生した夢などを見た。それが夢だと気づくたび、自分がそれらにとらわれているのだと思った。

今でもまだとらわれていたものがあるなあ、と思うことがある。他の人から非難されないように、キリスト者らしく、年齢相応に、リーダーらしく……。自由奔放に生きていると思われていたかもしれないが、これでもそれなりに他者からの評価を気にして遠慮してきたのだ。

沖縄に来てからその枠を少しずつ外している。

必然性もあったが、船に乗り、操船を覚え、カヌーを覚え、シュノーケルを楽しむようになった。マリンショップでシュノーケルを習うには60歳までという年齢制限があったが、親切な船長仲間が73歳の私にシュノーケルを教えてくれた。楽しくて仕方がない。

なぜ、今ごろになってそこまで挑戦してしまうのか考えてみた。

友人、知人の訃報や、心身の衰えも感じるたびに、自分の終末を思わないではいられない。毎日「今日一日、お守りください」と祈りながら生活しているが、これまでしてきた祈りとも切実さが違う。今しているすべてのことが、いずれできなくなるということも感じている。だからこそ、もう人からの評価を気にしないで生きたいと思うのだ。

以前は心のどこかで、年を重ねたら、年を重ねた者の生き方、モデルがあ

島　しづ子　90

るように思い込んでいた。

しかし今では、「年齢相応の生き方」というのは幻想だと思っている。一度だけの人生なのだから、可能なうちは自分がいいと思うように生きたい。私はそれが許される環境に置かれたことを、神様からのプレゼントのように感じている。

教会の任務も果たしながら、週2回は辺野古に通い、海の仲間と一緒に海の上で半日以上過ごす。帰宅したらくたくただが、その日一日を振り返りながら、平和が脅かされている状況の中でどこかに光はないかと思いめぐらす。

誰かに強要されたわけではなくマイペースに一週間の予定をこなす日々は楽しい。

年を取ったからといって、「年寄りの生活」（そんなのあるのかな？）をするのではなくて、自分の選んだ一日一日を過ごしたいと思う。

もう、お仕着せの生き方は止めて、神様からいただいた日々を大事に過ごそうではないか。

「味わい、見よ、主の恵み深さを。」（詩編34編9節＝聖書協会共同訳）

島　しづ子　92

年を取るということ

新型コロナワクチンの接種予約手続きの関係で、市役所に行った。ドアをノックして待つと、忙しいという風情も見せないで、担当の方が出てきて対応してくれた。テキパキとしていて気持ちのいい対応だった。

「念のために年齢はおいくつですか?」と聞かれた。「はぁ? さっき生年月日を書いたのに、65歳以上でないと受けられないからだな」と思いながら、「73歳です」と答えた。

「まぁ、とても若く見えたもので」と言われた。若く見られて有頂天になることはないが、うれしいことだ。

日々、何かしら不自由なことが起こるから、若くはないと思っている。

今朝は庭の草抜きをした。指先の力がないから、素手では草を抜けないので、イボイボの付いた手袋をして草抜きをする。

海に出かける時は膝とかかとにサポーターをしている。さらに手袋をすれば、船の上で縄を取ることや重いアンカーの上げ下げもできる。

心身共に力があった時は、「私がやらなくて誰がやる？」みたいに意気込んでいたが、今では「させていただいていた」と思うようになった。

今も自分のペースでできることは、喜んで引き受けている。それができるということがうれしいと思えるし、まぁ、それらを断るほど忙しいわけでもないから。

ただ、何でも自分のペースが肝要だ。一週間の単位で予定を立てて、自分のペースで取り組むと無理なくこなせる。だから、予定外のことはちょっと苦手かもしれない。急かされたりしたら動揺してしまう。

そういえば、以前よりも仕事の手順をよく考えて行っている気がする。人との約束も、仕事の集まりにも若かった時には滑り込みセーフが当たり前だったが、今は時間よりも前に着くようになった。

働いている伝道所は、現在はコロナ感染予防のために、自宅礼拝としている。そのために週末には届くようにメッセージを郵送し、メールを送り、当日は若い方の手伝いもありＺｏｏｍで配信している。毎週金曜日には完全原稿を二つ用意するということもできている。

この年齢で、このような働きをさせていただけることは幸いなことだと思っている。年を重ねたら時間がゆっくり流れているように感じる。自然観察も人間観察も熱心にするようになった。

最後の祈りを唱えるまで、できることをさせていただきたいと思う日々である。

「イエスよ、あなたが御国へ行かれるときには、私を思い出してください。」（ルカによる福音書23章42節＝聖書協会共同訳）

島　しづ子　96

クリスマスプレゼント

クリスマスおめでとうございます。沖縄で３回目のクリスマスを迎えました。赴任した「うふざと伝道所」では、今はＺｏｏｍの参加者数人と礼拝堂での参加者10人以内で礼拝をしています。コロナ禍を通して、一緒に集まれる恵みを再確認させられました。

うふざと伝道所は同じ南城市にある佐敷教会が生み出してくれました。開設22年になります。佐敷教会もうふざと伝道所も平和を創り出す活動に参与することを教会の使命と考え、週報にこんな記述があります。

「辺野古の座り込みが６７９７日、キャンプ・シュワブゲート前座り込みが３０６８日に入りました。祈りと行動において連帯しましょう。」

司会者は日々の課題とともに「早く辺野古新基地建設が止まりますように。ウクライナでの戦争が終わりますように」と祈ります。

佐敷教会とうふざと伝道所は、以前は毎年合同礼拝をしていたそうです。私は赴任3年目にしてやっと親教会の方々と対面することができました。礼拝ではメッセージを担当し、自己紹介をしながら、受けた福音をお話しさせていただきました。

44年前、夫を失って1年後、3人目の子である娘が重い病から生還したものの、重度の障がいを負いました。その後、牧師として母親として9年間は踏ん張りましたが、娘の養育と仕事の間で疲れ果てていた、そんなある日。車椅子に座った娘と参加したリトリートでその人に出会いました。

夕方、ひとりで中庭を横切ろうとした時、その人が前から近づいてきて手を差し出しました。その人は無言でしたが、その目が「あなたの悲しみを知っていますよ。神様もあなたを大事に思っていますよ」と語っていました。

その時まで、誰も私の悲しみを理解できないだろうと思っていた思いが消えていきました。この時から、他者への贈り物は「あなたは大切なひとりです。神様もそう思っています」と伝えることだと知りました。

メッセージを聞きながら、うなづき、涙をぬぐう人がいました。そして礼拝後、ある方が近づいてきて胸を抑えながら言いました。

「お話にウチアタイしました。ありがとうございました」と。

「ウチアタイ」とは心に落ちる、納得する、身に覚えがあるというようなニュアンスでしょうか。年を重ねてもこのことを伝える場所が与えられて感謝しています。

クリスマスおめでとうございます。あなたは大切な人です!

「すると、『あなたは私の愛する子、私の心に適う者』と言う声が、天から聞こえた。」(マルコによる福音書1章11節＝聖書協会共同訳)

夕陽（撮影：脇林 清）

川崎正明

かわさき・まさあき　1937年兵庫県生まれ。関西学院大学神学部卒業、同大学院修士課程修了。日本基督教団芦屋山手教会、姫路五軒邸教会牧師、西脇みぎわ教会牧師代務者、関西学院中学部宗教主事、聖和大学非常勤講師、学校法人武庫川幼稚園園長、芦屋市人権教育推進協議会役員を歴任。現在、公益社団法人「好善社」理事、「塔和子の会」代表、国立ハンセン病療養所内の単立秋津教会協力牧師。編著書に『旧約聖書を読もう』『いい人生、いい出会い』『ステッキな人生』（日本キリスト教団出版局）、『かかわらなければ路傍の人～塔和子の詩の世界』『人生の並木道～ハンセン病療養所の手紙』、塔和子詩選集『希望よあなたに』（編集工房ノア）など。

川﨑正明　*102*

壊れたどんぶり鉢

愛用していたマグカップを落として壊してしまった。とっさに19年前にがんで亡くなった妻のことを思い出した。60歳だった。

39年間の結婚生活だったが、忘れられない一つの思い出がある。

結婚して5年目ごろだったか、あることをめぐって大喧嘩した。妻は怒って食卓にあったどんぶり鉢を土間に投げつけて割ってしまった。私も頭にきて家を飛び出した。やがて頭を冷やして深夜に帰宅すると、壊れたどんぶり鉢はそのままで妻は寝ていた。

冷静さを取り戻すと、些細なことで喧嘩したことが恥ずかしかった。

私は壊れたどんぶりを拾い集めて卓上に置き、ボンドでくっつけて修復した。それを改めて卓上に置いてじっと眺めていた。もちろん器そのものはもう使い物にならないが、壊れたどんぶり鉢は、私たち夫婦の姿を象徴していると思った。落とせば壊れる土の器である私たち夫婦は、この中に何を盛るかが問題だと思った。

好きな聖句が浮かんできた。

「わたしたちは、この宝を土の器の中に持っている」
「たといわたしたちの外なる人は滅びても、内なる人は日ごとに新しくされていく」
「わたしたちは、見えるものにではなく、見えないものに目を注ぐ」
（コリント人への第二の手紙4章7、16、18節＝口語訳）

妻は55歳の時、卵巣がんをわずらい手術のために入退院を繰り返した。最後はぼろぼろの身体になったが、一筋の望みを託して最後の入院を決断した。

前日の夜中に激痛で七転八倒し、何もできずにうろたえる私に向かって、「何もできなくもいい。あなたが側にいるだけでいい」と言った。

そして、２週間後に天に召された。

あれからやがて20年目を迎えようとしている。あのどんぶり鉢を壊して大喧嘩したことを懐かしく思い出す。

気がつけば私も84歳の今を生きている。目に見える「外なる人」はもうガタが来て、脚の骨折の後遺症で杖なしには歩けない。髪の毛がどんどん薄くなっていく。毎月の血糖値の検査と治療を欠かせない。新聞の訃報欄を見て、自分の身にもいつ何が起こるか分からないと思う。

でも、このひびだらけの土の器が愛おしい。傷つき壊れかけても、器の中の宝物をしっかりと抱きしめていたい。

遠き日の亡き妻との思い出を糧にして、もう少しがんばって生きていきたいと思う。

しがみついて生きる

新聞の訃報欄をいつも注目して読む。著名な作家や芸能人などの名前を見て驚くことも多い。

その死亡年齢が80歳代が多いような気がして、いつも自分の年齢と重ね「あと何年生きられるのだろうか」と考えさせられる。

厚労省によると、2019年の日本人の平均年齢は、男81・41歳、女87・45歳となっているから、84歳の私は平均寿命を超えている。ただ、私が生まれたころの1935年の男性平均寿命は46・92歳だったから、この80年余でなんと34・49歳も寿命が延びている。著しい高齢化社会を迎えて、人生百年時代と言われる所以《ゆえん》であろう。

そんな思いを巡らせている時、最近、毎日の散歩途中に見る蝉の抜け殻（空蝉《うつせみ》）が気になっている。実は今年1月末に見つけたのだが、山茶花の一枚の葉にぶら下がっていて、雨風にも耐えて必死にしがみついている。実際には昨年の夏以来だろうから、もう8カ月以上その状態でいることになる。

蝉は幼虫の時代に土の中にもぐって成長し、7年目（もっと長いとの説もある）に地上に出る。その地上では1、2週間しか生きることができない。そのいのちを育んでいた殻が、半年以上も葉にぶら下がっているのである。

もちろんそれは死体（空蝉）でもあるが、その状態を見て

「しがみつき　冬木に耐ゆる　蝉の殻」

「爪立てて　たましひ残る　蝉の殻」

などと詠った人がいた。

私は毎日（この原稿を書いている日も）その抜け殻を見て、80年余も生きてきた自分と、ひと夏の1、2週間しか生きなかった蝉のいのちを重ねてみる。そう思うと、何だか日が経つにつれてその抜け殻も老いていくように見えてきた。足の爪を葉っぱに食い込ませるようにして、必死にしがみついている姿が愛おしくなってきた。

聖書のある場面が浮かんできた。

12年間も出血が止まらずに苦しんでいた女性が、「この方の服に触れさえすれば治してもらえる」（マタイによる福音書9章21節＝新共同訳）と思って、イエスの後ろから服に触れたら、病が治った。イエスは「娘よ、元気になりなさい。あなたの信仰があなたを救った」（同22節）と言われた。

必死になってイエスの服に触れた女性の行為が、懸命に一枚の葉にしがみついている空蝉に重なって見えた。

いつ、何が起こるか分からない私たち高齢者のいのち、もうここまで来れば、「イエス様、お願いです。守ってください」と祈りながら、主イエスに必死にしがみついて生きるしかない。

私は今、そんな自分の齢《よわい》と向き合っている。

川﨑正明　*110*

賛美歌のある人生

2月10日で85歳になった。最近は「記憶の旅」と称して、過去の思い出を手繰りながら自分の人生を振り返ることが多くなった。

13歳（中学2年）の時に、同級の女子生徒に「紙芝見においで」と誘われて、信者さんの家の2階座敷で行われていた教会学校に行き、3年後（高校2年）に受洗した。その日から今年で信仰生活70年を迎えるが、賛美歌をめぐるいろいろな思い出がある。

教会学校に行き始めたころ、クリスマス祝会で好きな賛美歌を独唱することになり「十字架の血にきよめぬれば……」という当時の「讃美歌」529

番（31年版、54年版515番）を歌った。すると途中から、先生と友だちが次々と立って一緒に歌い始めた。私は感極まって、涙しながら歌い続けた。賛美歌を歌う喜びを初めて経験した。

その後の牧師、キリスト教学校宗教主事、幼稚園園長の45年間は、いつも賛美歌のある人生だった。

宗教主事時代は、学校のチャペルの司会をして毎日のように賛美歌を歌った。ある時、生徒が礼拝で講壇に立つ先生方の「評価表」を作った。私への評価は、「お話」は非常に低かったが「賛美歌を一生懸命に歌う」が10点（満点）だった。そんな状態だから、スナックでカラオケを歌うと、「先生の歌は賛美歌調だ」とよく言われたものだ。

かつて大阪のある教会の葬儀に出席した時、一人の宣教師がフルートの伴奏に合わせて讃美歌３５３番（54年版）を独唱された。

「いずみとあふるる
いのちのいのちよ、
あさ日とかがやく
ひかりのひかりよ」

その声の素晴らしさと、「いずみ」「いのち」「あさ日」「ひかり」という言葉が、私のこころに染み通り感動した。そして今、「主イエスよ、たえせずわが身にともない、ひかりのみちをば　あゆませたまえや」と続く5番の歌詞を、私の70年の信仰生活と重ねてみた。好きな賛美歌1曲と言えば、私はこの３５３番を挙げる。辞世の歌として、私の葬儀ではぜひこの曲を歌ってほしいと思っている。

コロナ禍の今、声を出して叫べない状況が続いている。散歩中によく賛美歌を口ずさむが、早く腹から声を出して歌いたい。マスクの中に閉じ込められた歌がかわいそうだ。もちろん、歌い方は多様だが、賛美歌のあるいい人生を過ごしたいと思う。

「聖所で　神を賛美せよ。
大空の砦で　神を賛美せよ。
力強い御業のゆえに　神を賛美せよ
……
息あるものはこぞって　主を賛美せよ。
ハレルヤ。」（詩編150編1～6節＝新共同訳）

川﨑正明　*114*

接続詞のある人生

コロナ過で巣ごもりの生活が続く中、テレビドラマを観る機会が増えている。私が好きなのはサスペンスドラマで、とりわけ松本清張原作のドラマがいい。

もちろんドラマはどこまでも「作り話」（フィクション）であることを前提に観ているのだが、実は起承転結的に構成されたドラマの結論をいつも気にしている。

例えば、連続シリーズのドラマで、毎回登場する無実の罪で追われている主人公が刑事に追い詰められて捕まりそうになる。視聴者は、「あぁ、もう捕まる！」と諦めかけた時、ふと時計を見るとドラマの終了時間が近づいている。CMの時間を計算すると、主人公は捕まらずに番組は終わるはずだ。もともと新聞の番組表には最終回とは書いてなかったから、ドラマは来週に続くのだ。つまり、ハラハラドキドキしながらも、もう一方では時計を見る余裕があるという「二重の目」でドラマを観ていることになる。

このことは、私たちの人生と重なるところがあると思う。

使徒パウロの言葉に注目したい。

「わたしたちは、人を惑わしているようであるが、しかも真実であり、人に知られていないようであるが、認められ、死にかかっているようであるが、見よ、生きており、懲らしめられているようであるが、殺されず、悲しんでいるようであるが、常に喜んでおり、貧しいようであるが、多くの人を富ませ、何も持たないようであるが、すべての物

を持っている」（コリント人への第二の手紙6章8～10節＝口語訳）

ここでは、「惑わし」と「真実」、「死」と「生」、「悲しみ」と「喜び」……というように、二つの反対の言葉が「が」という接続詞で反転している。言い換えれば、「悲しんでいる――しかし（にもかかわらず）――喜んでいる」というように、悲しみは絶対的なものではなく、喜びに変わるものだという生き方が示されている。

この「が」「しかし」「にもかかわらず」という逆説の接続詞が、希望につながる鍵になっている。事柄を単眼的に見ないで複眼的に見ること、あのサスペンスドラマを観る目と同じである。

神を信じることによって、失望の中にいながら、同時に希望を失わないという「二重の目」が与えられている。私たちの人生は常にハラハラドキドキだが、行き詰まった状況を絶望的に決めつけずに、「しかし」という次の新しい展開を信じることである。

「接続詞のある人生」——私たち高齢者のドラマもまだまだ続くのである。

川崎正明　118

希望の木

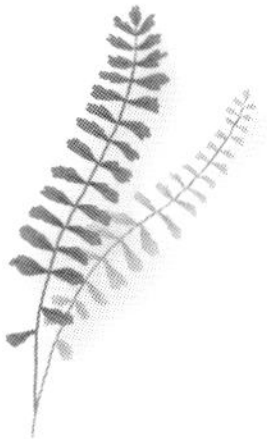

2022年6月23日付「朝日新聞」の「私の視点」という投稿欄で、薬剤師の山田久美子さんという方の「患者の生きる意味『医療貢献の手ごたえが力に』」という記事を読んだ。

この方は、10年前に治癒がない血液のがんである形質細胞性白血病を宣告された。直ちに厳しい治療を受け、約9年生き延びた。しかし再発、検査の結果、転移性脳腫瘍《しゅよう》であることが判明、激しい副作用に悩まされながら、何とか生き延びているという。

そんな痛みと苦悩の中で「今を生きる意味」を考え続け、「患者は生き続けながら診察や治療を受け、自身の生化学的データや日頃の症状を医療者に提供し、相談しながら治療を選ぶことで、将来のよりよい医療を共につくっていく作業に参加し、また、将来生まれる患者の役に立っている」という思いにたどりついた。それが「生の圧倒的な力になる」という。

公益社団法人好善社で活動を共にするNさん（82歳）は、29歳の時に治療法が分からない「進行性筋萎縮症」になり、人生が激変した。しかし彼はハンセン病の回復者から「あなたのことを覚えて祈っています」と励まされ、生きる勇気をもらった。そして「自分には不自由さがあり、できないことがあっても、自分の価値は一つも変わらないし、生きる価値も変わらない」という自尊感情を持って生きており、そこに「いのちの尊厳」を感じているという。

今も介助者なしに生活できない重度の不自由者だが、その生きる姿勢は極めて積極的である。

ルカによる福音書13章に「実のならないいちじくの木」というイエスのたとえ話がある。

3年間実を結ばないいちじくの木について、その園の管理者が園丁にこんな文句を言う。

①この木は期待外れで役に立たない。
②これでは土地が無駄になる。
③3年待ったが、もう待てない。
④こんな木は切り倒せ。

しかし園丁は、「ご主人様、今年もこのままにしておいてください。木の周りを掘って、肥やしをやってみます。もし来年実を結べばよし、それで駄目なら、切り倒してください」（8〜9節＝聖書協会共同訳）と言った。

実を結ばないならもう用がないという価値判断が私たちの社会にある。しかしイエスの教えは、今、実を結ばないからと言って断罪しない。

3年待った木、それは切り捨てる木ではなく、来年こそ実を結ぶかもしれない「希望の木」なのである。

治癒がない病気になっても、未来の患者や医療者に貢献していることに生きる意味を見出した山田さん、進行性筋萎縮症と向き合う人生に生きる尊厳を感じているNさんの生き方に、「希望の木」としての価値ある人生を教えられた。

川崎正明　*122*

重みのままに咲く

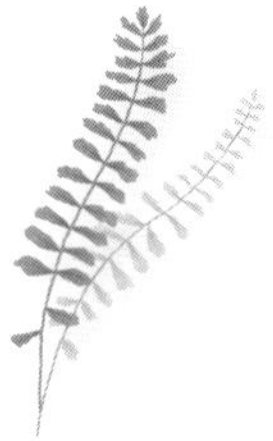

先日、朝日新聞の「声」欄で、13歳の女子中学生の「死を思うことは　恐ろしいけれど」（２０２２年2月7日付）という投書を見た。

「死んだら、どうなるんだろう。私はよく、そんなことを考える。天国や地獄という死後の世界が本当にあって、そこで存在し続けることができるのなら、そう願いたい。けれども、死によって私の意識も、心も、何もかもが永遠に消え失せてしまうとしたら……」と人生に対する不安を綴っていた。

後日、この女子生徒の声に反響があり、「死をめぐる思索に触れてみて」（50歳男性）とか、「あなたが輝く生き方見つけてね」（73歳女性）などと、人生の先輩の熱い励ましの声が掲載されていた。おそらく誰もが、多感な青春時代に同様の経験をしただろう。

死の問題は、古今東西、ある意味で永遠の課題であるが、その問いかけの過程で哲学や宗教が生まれた。この中学生の率直な不安は、自身の何か大きな病気や苦難との出合いから生じたのかどうかは不明だが、多分この時期に抱く観念的な不安かもしれない。

私はハンセン病療養所を訪問して38年になる。その間多くの入所者の苦渋の体験をうかがったが、宮城県の東北新生園の入所者Sさんのことを思い出している。Sさんはハンセン病を患ったことで、とても深い悩みの中におられたが、ある日、星野富弘さんの詩画集『鈴の鳴る道』の詩を読んで励まされたという。

「何のために
生きているのだろう
何を喜びとしたら
よいのだろう
これからどうなるのだろう

その時　私の横に
あなたが一枝の花を
置いてくれた
力をぬいて
重みのままに咲いている
美しい花だった」

Sさんは、「詩の前半の言葉が自分の姿だった。最後の3行に心を打たれた。「力をぬいて、重みのままに咲いている花」。自然のままに、あるがままに生きるという意味の言葉が心の中に響いている」と、涙を流しながら語られた。その後、Sさんは84歳で天国に旅立たれた。

13歳の女子中学生の死への不安を、年齢的に対極にいる私に重ねてみた。またハンセン病回復者のSさんの涙を思い出しつつ、この八十路《やそじ》の坂を登る私の人生を考えさせられた。この時期に、この年齢で、私といういのちのあるがままを生きることの意味を考えている。生死についてキリスト教の答えは一つ、「人間の生死は、神のみ手に中に治められている」ということだと思う。

「神のなされることは皆その時にかなって美しい。神はまた人の心に永遠を思う思いを授けられた。」(伝道の書3章11節＝口語訳)

まっすぐに

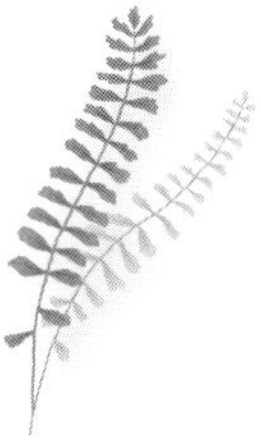

私の中学校時代を思い出している。

戦後の１９４７（昭和22）年に新制中学として発足した滝野中学校は、兵庫県加東郡滝野町（現加東市下滝野）にあった。この学校は兵庫県の中央を流れる加古川と背後にある五つの峰を持つ五峰山《ごぶさん》に挟まれていた。また校庭の隅に２本のポプラがあった。

私たちは「五峰山の如き高き理想と大きな心、加古川の流れの如き清き心、高い２本のポプラの如きまっすぐな心」というモットーを掲げて学校生活を送った。もう73年も前の少年時代のことだが、ポプラの木の風景が印象に残っている。

ポプラは、紅葉や美しい樹形が特徴的で並木や街路樹などとしてよく見かけるが、私はそのまっすぐな樹形が好きで、いつもこころの風景として浮かんでくる。

キリスト者詩人の八木重吉（1898～1927年）が、木に思いを寄せた作品がある。

「きりすとを　おもいたい／いっぽんの木のようにおもいたい／ながれのようにおもいたい」

「白い　路／まっすぐな　杉／わたしが　のぼる／いつまでも　のぼりたいなあ」

（普及版定本『八木重吉詩集』より）

「まっすぐにおもう」「まっすぐにのぼる」という表現は、重吉自身のひとすじにキリストを信じる純真な神への信仰を詠っているのだと思う。その平易で短く、純粋無垢、単純、素朴な多くの詩は、その根底にあるまっすぐなキリスト教信仰を表現している。

私が「まっすぐ」という言葉にこだわる理由がある。２度の骨折による後遺症によって、だんだん身体が歪んできているからだ。乗っていたバイクの自損事故による右骨盤骨折（１９９９年）、段差に躓いて右大腿骨骨幹部骨折（２０１３年）によって身体障がい者（５級）になり、特殊な杖による歩行を余儀なくされており、右脚をかばうので身体全体が左側に傾いてきている。

情けないことだが、そこは前向きに「ステッキな人生」を歩いているなどと言っている。が、できればまっすぐな姿勢で歩きたい。

しかし大事なことは、目に見える外形のことではなく、「内なるまっすぐな姿勢」であろう。
遠い昔の母校の中学校の校庭にあったまっすぐなポプラの木、まっすぐに伸びる木々に託してキリストへの信仰を詠った八木重吉の詩が、私のこころに響いている。

残されたあと少しの老いの坂道、傾きながらのぎこちない恰好だが、こころはまっすぐに神様に向けて歩き続けたいと思う。

「まっすぐ歩む人は主を畏れる。
曲がった道を歩む者は主を侮る。」（箴言14章2節＝聖書協会共同訳）

大島青松園桟橋の夕暮れ（撮影：脇林 清）

上林順一郎

かんばやし・じゅんいちろう　1940年、大阪生まれ。同志社大学神学部卒業。日本基督教団早稲田教会、浪花教会、吾妻教会、松山教会、江古田教会の牧師を歴任。著書に『なろうとして、なれない時』（現代社会思想社）、『引き算で生きてみませんか』（YMCA出版）、『人生いつも迷い道』『ふり返れば、そこにイエス』（コイノニア社）、『なみだ流したその後で』（キリスト新聞社）、共著に『心に残るE話』（日本キリスト教団出版局）、『教会では聞けない「21世紀」信仰問答』（キリスト新聞社）など。

上林順一郎　*132*

初めて「おじいさん」と呼ばれた日

ある日、渋谷で会合があり高田馬場駅から電車に乗りました。すると前に座っていた小学生が「おじいさん、どうぞ」と立ち上がったのです。「おじいさん」と聞いた途端、「イイよ、すぐ降りるから」と口走っていました。言った手前仕方なく次の駅で降り、次の電車で渋谷に向かいました。「おじいさん」と、初めて呼ばれた日でした。

十数年経った今、電車に乗ると空席を探し回り、ないと分かると「優先席」に座っている若者の前に立ち、「白髪の人の前では起立し、年配者を重んじなさい」（レビ記19章32節）と心の中で悪態をつく「嫌なジジイ」と化しています。

１００歳を超えても医師を続けた日野原重明さんは「老いるタイプ」に三つの型があると言います。

一つは「抵抗型」、まだ若いと言い張り、老いを受け入れようとしないタイプ。二つ目は「不平不満型」、思うようにならないのを他人のせいにし文句ばかり言うタイプ。三番目が「自己嫌悪型」、失敗を引きずり、その責任を自分自身のせいにし、老いるにしたがってうつ的になるタイプです。

いずれも身に覚えがあります。

今、日本では人生１００年時代と言われ、ある予測では20年後の２０４０年には高齢者人口が４千万人と総人口の三分の一を超えるそうです。その時にはもしかして私も１００歳（?）、老いの日々をどう生きるか、深刻な課題です。

上林順一郎　134

万軍の主はこう言われる。
再び、エルサレムの広場には
年老いた男女が座り
長寿のゆえに、それぞれ手に杖を持つ。
（ゼカリア書8章4節＝聖書協会共同訳）

バビロニアの捕囚から解放され、故国に帰還したユダヤ人たちは破壊されたエルサレムの再興を図ります。預言者ゼカリアは再建され平和になったエルサレムの広場には老爺、老婆が杖を手にして座っている姿を預言します。「老」という漢字は、背中の曲がった人が杖をついている姿だそうですが、杖を手に広場に座っている老爺、老婆たちを神は平和の礎とし、エルサレムの再興の希望とされていたのです。

日野原さんは「老いにならない」ために第四のタイプを勧めます。「平穏に老境に入り、ストレスがなく、自分を肯定して受け入れ、他人を責めず、過去を悔やまず、日頃の人間関係に満足するしなやか型」です。私はとてもそうなれそうにはありません。高齢ゆえにますます嫌われ、邪魔者、余計者とされ居場所がなくなることでしょう。

「おじいさん、どうぞ」と言われて、「イイよ、すぐ逝くから」などと間違っても口走らないで、おばあさん、おじいさんは「平和の礎、希望の星」としてこの国の真ん中でどっかりと居座り続けましょう。

私はこれを「居直り型」として推奨します。

上林順一郎　*136*

ピンコロとヨタヘロと

いっとき「ピンコロ」という言葉がはやりました。「ピンピン長生きし、コロリと往生する」の略です。高齢者の最後の願いのようですが、それを売り物にする寺院や神社も各地に出現し、高齢の参拝者であふれたところもありました。

ある町の老人会が「ピンコロ」で有名なお寺へ貸し切りバスで祈願に行きました。無事にお参りが済んでの帰り道、参加者のひとりが車内で突然倒れました。

「早く救急車を！」と叫ぶ人、懸命に心臓マッサージをする人、車内は大騒ぎになりました。道路が混んでいるのか救急車はなかなか到着しません。

「このままでは死んでしまう！」「死んだらあかん！」と人々が口々に叫びます。つい先ほど「コロリと往生」を祈念したはずなのに。

ラジオで聞いた話です。

「災難に逢う時節には災難に逢うがよく候、死ぬ時節には死ぬがよく候。これはこれ災難をのがるる妙法にて候」——良寛さんの言葉です。「ピンコロ」の願いも、いざとなるとわたしたちもきっと慌てふためくことでしょう。

評論家の樋口恵子さんが最近、「ヨタヘロ期を堂々と」を勧めています。「ヨタヘロ」とは後期高齢期を迎えてもヨタヨタ、ヘロヘロとよろめきながら堂々と生きることです。そのためには「シニア食堂の設置」「素直に人の世話になる」「老いや認知症を隠さない」と言います。さらに大切なこととして「いくつになっても人とコミュニケーションができる社会」を提案しています。

先ほどの老人、無事蘇生したとのことですが、周りの人たちの「死んだらあかん！」の声が耳の奥でずっと聞こえていたそうです。コミュニケーションが命を救ったのでしょう。

旧約聖書に登場するモーセはシナイの荒野を40年間もイスラエルを導いて約束の地を目前にしますが、神からその地に入ることを許されず、無念の内に異邦の地モアブで生涯を閉じます。「モーセは死んだとき、百二十歳であったが、目はかすまず、気力もうせていなかった」（申命記34章7節＝聖書協会共同訳）とあります。理想的な「ピンコロ型」でしょう。しかし「今日に至るまで、誰も彼の葬られた場所を知らない」（34章6節）と、孤高の死であったようです。

一方、アブラハムの子イサクは「年を取り、目がかすんで見えなくなってきた」（創世記27章1節）、自分の二人の息子の区別もつかずヤコブに騙されます。高齢化による認知症が始まっていたのでしょうか。そのイサクは「イサクの生涯は百八十年であった。イサクは老いた後、生涯を全うして息絶え、死んで先祖の列に加えられた」（創世記35章28～29節）とあります。「ヨタヘロ型」でしょうか。でもイサクはイスラエルの共同体の仲間に迎えられての死でした。

二人とも神の祝福のうちにある人生でしたが、さて、あなたはどちらを？

上林順一郎　*140*

シミもしわも、人生だ！

「うっとうしい梅雨が明けて間もない頃、真夜中の烈しい風の音に目を覚ましてトイレに行った。手を洗いながら、フット目の前の鏡を見上げてギョッとした。（なぁに？　これ……）落ちくぼんだ眼に白い髪を振り乱した老女の、なんとも哀れな顔。（これが、私？）思わず顔をそむけてしまった」

女優・沢村貞子の『老いの楽しみ』（岩波書店）の一節ですが、老いの哀しみが生々しく伝わってきます。

老醜という言葉があります。辞書には「歳をとって顔や心が汚くなった状態」とありました。歳をとるとシミやしわが増えるのは仕方ありませんが、

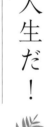

「心が汚くなる」とあったのには驚きました。

古代の中国では死ぬ時の年齢によって呼び方が違っていたそうです。女性の場合、60歳以上の死は〝魅〟と呼びます。魅力の魅ではなく、魑魅魍魎《ちみもうりょう》の魅です。70歳以上は〝妖〟、80歳以上になると〝怪〟です。妖怪とはひどいですね。

一方、男性の場合、70歳以上の死は〝福〟、80歳以上が〝寿〟、１００歳を超えると〝大慶〟です（『妖のある話』陳舜臣）。女性に対する差別が表れているのは明らかですが、女性の方が長寿だったことへの羨みもあったのでしょう。

パウロは「教会はキリストの体である」と言います。しかし「染みやしわやそのたぐいのものは何一つない、聖なる、傷のない、栄光に輝く教会」（エフェソの信徒への手紙5章27節）と、書きます。「体」は老いていきます。キリストの体である教会というならシミやしわなどが生じるのは自然だと、私は思うのですが……。

「妻の顔にはいくつかのしわがあります。眉の上にある小さなしわは、彼女が機知に富んだ質問をする時にできるものですし、中央にある垂直のは、彼女が真剣に考えるときにできるしわです。また水平のしわのうちの大きな方は、私が病気をして私たち二人が将来を心配していた時にできた苦悩の表れなのです。」

スイスの有名なカウンセラーであったボヴェーが年上の妻の寝顔を見ながら書いたものだと言われています。

この文章には「愛すべきしわ」という題が付けられていますが、シミやしわは愛する人の人生そのものなのです。

教会に元気で明るく、世話好きな高齢のご婦人がいました。祈祷会に欠かさず出席し、いつも牧師と家族のために祈ってくださる方でした。その祈りに支えられて牧師を続けることができたと思っています。多くの人々に愛されて90歳間近で天に召されましたが、教会でのニックネームは「大福」でした。色が白くて、ふっくらとして、温かくて……。

100歳の男性の死が大慶なら、女性の場合は「大福」がふさわしい！

「その方、シミやしわは？」

「覚えていません！」

上林順一郎　*144*

あすかあさってに

「手帳」を使わなくなって、どれくらいになるでしょうか。牧師を隠退しようと初めて考えたのは66歳の時。これ以上スケジュールに縛られる生活は嫌だと、その時から手帳を使わないと決めました。

それまで40年以上も「能率手帳」というサラリーマンが使っている手帳を愛用していました。そのころの能率手帳には、一日が朝8時から夜中の12時まで1時間ごとにスケジュールを書き込めるように時間が印刷されていました。当時、「24時間、戦えますか?」のコマーシャルで栄養ドリンクが売られていた時代、その手帳も一日最低16時間は働けと叱咤激励していたのです。その手帳が毎日予定で真っ黒になることに妙に満足感を覚えたものです。まるで「モーレツ牧師」でした。

隠退を決意したものの、地方の無牧の教会から招聘があり、4～5年と期間を決めて赴任することになりました。教会は山峡のおだやかな町にあり、毎日の生活はのんびりしており、手帳など必要はありませんでした。しかし、習慣とは恐ろしいもので、結局、生命保険会社から毎年送られてくる手帳を使っていました。その手帳は午前8時から午後5時まで時間が刻まれているだけで、さすが生命保険会社、「働くのは8時間」と健康といのちに配慮したものでした。

しかし、それさえ使う必要もないほど予定のない日々で、その後は手帳を持つこともなく、今に至るまでスケジュールに縛られない生活を続けています。もっとも失敗することもあります。

「きのう会合があったのですが」

「ゴメン、あすかあさってと勘違いしていました」

そんなことがいまでも時々ありますが……。

河野進牧師の詩集『ぞうきん』（幻冬舎）に「あす」という題の詩があります。

話したくても　あすかあさってに。
聞きたくても　あすかあさってに。
見たくても　あすかあさってに。
ほしくても　あすかあさってに。
おこりたくても　あすかあさってに。
泣きたくても　あすかあさってに。
あきらめたくても　あすかあさってに。

まして失望したくても　あすかあさってに。

きょうという日は私たちの手の中にあるとしても、しかし「あすかあさって」は神のみ手の中にあるのです。

新しい一年、「あすかあさって」に委ねつつ、きょうという一日を、感謝をもって生きたいと願っています。もしかして、神様の手帳の中のわたしのページはあと一、二枚かもしれません。もし「あすかあさって」で終わったとしても、それもまた感謝です。

「平安のうちに、私は身を横たえ、眠ります。
主よ、あなただけが、私を
安らかに住まわせてくださいます。」（詩編4編9節＝聖書協会共同訳）

上林順一郎　*148*

しんがりを、のろのろと

〝牛はのろのろと歩く
　牛は大地をふみしめて歩く
　　牛は平凡な大地を歩く〟

――高村光太郎の「牛」と題する詩の一節です。

今、日本では身近に牛を見かけることはなくなりましたが、以前東南アジアの農村を訪ねた時には水田を耕しているたくさんの水牛を見ました。一日の仕事を終え、夕日を背に受けてゆっくり家路へ向かう農夫と水牛の姿に、日本でのあわただしい日々を反省したことでした。

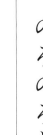

水牛といえば、アジアの文化と生活の視点から『水牛神学』（教文館）を提唱したのは小山晃佑《こやまこうすけ》さんですが、小山さんには『時速五キロの神』（同信社）というユニークな題名の説教集があります。捕囚の地エジプトを脱出し、約束の地に向かって旅するイスラエルの民と同じ速さで歩かれた神を表現したものです。

エジプトを脱出した時、イスラエルの後をエジプトの戦車と騎兵が追いかけます。すぐにイスラエルの民は追いつかれ殺戮されることでしょう。その時「イスラエルの陣営の前を進んでいた神の使いは移動し、彼らの後ろから進んだ」（出エジプト記14章19節）と聖書は語ります。

時速5キロで民を先導していた神の使いは人々のうしろに回ったのです。列のしんがりには老人や女性や幼い子どもたち、牛や羊などの家畜がのろのろと歩いていたはずです。神の使いはその後ろ側に回り、襲いかかるエジプトの軍隊から身を挺してイスラエルの民を守ろうとしたのです。

80歳となりこれまで以上に心身の衰えを感じます。若いころは人に先んじることばかりを考えていたのが、今は後ろから来る人に追い越されることも多くなりました。しかし、自分を追い越して先へ行く人の背中を見ながらしんがりをのろのろと歩いて行くのもよいと考えています。

そしていつの日か声が聞こえ「全体、止まれ。回れ右！」

あれ～、しんがりにいたはずが一番前に！

一緒に歩いてきた老人や子どもや病人や体の不自由な人たち、そして牛や羊たちも一緒です。

「先にいる多くの者が後になり、後にいる多くの者が先になる」（マタイによる福音書19章30節）、その日、イエスの永遠の命への約束が実現するのです。

〝やっぱり牛はのろのろと歩く
　牛は急ぐ事をしない
　　ひと足、ひと足、牛は自分の道を味わって行く〟

――今年は丑年、「肥えた牛を食べて憎み合うよりは、青菜の食事で愛し合う方がよい」（箴言15章17節＝新共同訳）。

この社会のしんがりを歩かざるをえない人々とこれからも一緒に歩いて行きましょう。青菜をたべながら、のろのろと。

祈り上手より、祈られ上手

月曜日の朝、先輩牧師が突然教会を訪ねてきて牧師室の椅子に座るなり、「君のために祈るよ」と言って祈り始めました。

実は、前日の日曜日、教会の総会があり議事を巡って大荒れとなりました。議長でありながら議場をうまくさばくことができず、教会員の対立と寒々しい空気だけが残った総会でした。

先輩牧師の連れ合いは教会員であり、総会に出席していました。家に帰って総会の様子を話したのでしょう。それで翌朝、私のためにお祈りをするためにわざわざ教会に来られたのでした。

私の苦境と苦悩を思ってのことだったのでしょう。その間、私は黙ったまま祈られていました。

牧師として長年祈ることを求められてきました。死を前にしての祈り、病床の祈り、家族間の諍いをなだめる祈り、誕生の祝福の祈り、進学や就職のための祈り、結婚の祈り、思えば牧師の働きの多くは祈ることであり、祈ることを求められる日々でした。

しかし、自分のために祈ってくださいと、口にしたことはほとんどありませんでした。

「私が人々のために神に祈る、それは当然のことだ。しかし、私のために、つまり自分事のために他人に祈りを依頼することは、差し出がましいという思いであった。この理由のもっとも突き詰めたところを白状するならば、その真相は自分の弱さをさらしたくないからだろう。とりなしの祈りには、愛がある。だから、とりなしの祈りを他人に頼まないのは、その相手の私への愛や友情を、初めから疑っているか、拒否しているということになるだろう」。ある詩人牧師の言葉です。

重い病の中にあった同級生の牧師を病院に訪ねた時、別れ際に「祈り上手より、祈られ上手になれよ」。彼から聞いた最後の言葉となりました。

総会後の月曜の朝、虚脱状態のようになっていた私のために長い祈りをささげてくださった先輩牧師の祈りに身をゆだねている間、夜の闇の中で怒りと悔しさと無力感とで心の中を吹き荒れていた嵐が次第に収まってくるのを感じていました。

パウロは手紙の中で「兄弟たち、私たちのために祈ってください」と、繰り返し書きます。パウロもまた諸教会や信徒たちとの対立や敵意や分裂の危機に直面し、悩み苦しむ日々だったのでしょう。

「日々私に押し寄せる厄介事、すべての教会への心遣いがあります」

（コリントの信徒への手紙二11章28節＝聖書協会共同訳）

だから「私たちのために祈ってください」と、頼んでいるのです。

残り少なくなった人生、「祈り上手より、祈られ上手」にと、祈っています。

また会う日まで

10数年前に夫を天に送った女性が、記念会でこう問いかけた。

「葬儀の時に〝親はわが子に、友は友に、妹背あい会う、父のみもと……やがて会いなん、愛でにしものと、やがてあいなん〟の賛美歌（54年版４８９番）を歌いました。悲しみのどん底にあった私はとても慰められ、天国での夫との再会を待ちながら生きてきました。しかし10数年が経ち、私も間もなく天国に行くことになりますが、夫は以前と同じ姿かたちなのでしょうか。私は歳を取り昔と変わってしまいました。天国で会った時、夫は私のことを分かるでしょうか？」

思いがけない発言に「天国では年齢は関係ありませんよ。イエス様は『死者の中から復活するときには、めとることも嫁ぐこともなく、天使のようになるのだ』（マルコによる福音書12章25節）と言っていますから」。

「え〜っ、天国ではみんな天使になるのですか、もう夫婦ではないのですか？　それでは会っても意味ないですね！」と。

数年後、その方も亡くなりましたが、天国での再会の希望を奪ったダメ牧師。


作家の深田祐介氏はいちばん下の幼い妹さんが病気で亡くなった時、通夜の夜に人形と一緒にふとんに横たえられている妹さんに、上の二人の妹さんが「天国で会うからね、天国でまた遊ぼうね」と繰り返していたことが忘れられず、ご自身も妹さんに会いたいとの思いが高まり、カトリック教会で洗礼を申し出ました。

洗礼前日、神父が「神さまにお願いしたいことはありますか？」と聞くと、深田さんは「天国で亡くなった妹に会いたいのです」。すると神父は自信に満ちた表情で、「会えるとも、ただ霊のかたちをしておられるかもしれん。しかし、妹は妹だ！」。

天国での再会の希望を与えた見事な神父。

80歳を過ぎ、亡き両親や友人たちとの天国での再会を願う思いもあります。しかし、愛する人と天国でどのようなかたちで会うのか、私たちは知らされていません。

「キリスト・イエスによって共に復活させ、共に天の王座に着かせてくださいました」（エフェソの信徒への手紙2章6節＝新共同訳）との約束が与えられているだけです。その時が来れば神は愛する人々と共に天の王座に着かせてくださることを信じて生きていきましょう。

よろこべば、よろこびごとが、よろこんで、
よろこびつれて、よろこびにくる。

――大阪の居酒屋の壁に書かれていました。

天国もかくやありなん！

イエス様は天国を盛大な宴会にたとえていますから。

秋の陽はつるべ落とし、街の明かりが灯り始めました。天国のよろこびの宴の下調べに出かけましょう。

あとがき

生・老・病・死。

四苦八苦の「四苦」を表している言葉です。「生《しょう》」とはこの世に生まれてくることです。この世は苦しみに満ちた世界ですから、生まれてくること自体が「苦しみ」となるのです。そして生きていくこと、それは「老い」へと向かうことです。ですから生きることは「時」を失っていくことです。そして「失われた時」は2度と帰ってきません。それが「老い」の苦しみです。そして「病」です。「老い」は「病」につながっています。

60歳の時、がんになりました。手術の朝、「神様、あと5年だけ生かしてください。60歳で死ぬのは無念です」と祈りました。「病」は「死」に直結する苦しみです。

昨年、82歳の夏に2度目のがんの手術をしました。手術の朝、「神様、できればあと2、3年生かしてください」と祈りました。往生際の悪い人間です。しかし、どうあがいても「死」はやってきます。だから生きること自体が「苦」とお釈迦さんは教えたのでしょう。

生きることを英語では「Live」と書きます。反対から読むと「Evil」（邪悪な）」となります。しかし生きることは邪悪なことなのでしょうか。

「彼らが苦しむときはいつでも、主も苦しまれた。御前に仕える御使いによって彼らを救い、その愛と憐れみによって彼らを贖い、昔からずっと彼らを負い、担ってくださった」（イザヤ書63章9節＝聖書協会共同訳）

この預言はイエス・キリストにおいて成就しました。私たちの「生・老・病・死」、すべての苦しみをイエス・キリストご自身が担ってくださっているのです。

今回、人生の夕暮れを迎えている5人の牧師たちが、なお光の中を歩んでいる姿を語ってくださいました。その生き方、その言葉の一つ一つがきっと読む人々に力と希望とを与えてくれることでしょう。

大きなことを成し遂げるために　力を与えてほしいと　神に求めたのに
　謙遜を学ぶようにと　弱さを授かった
偉大なことができるように　健康を求めたのに
　よりよきことをするようにと　病気を賜った
幸せになろうとして　富を求めたのに
　賢明であるようにと　貧困を授かった
世の人々の称賛を得ようとして　成功を求めたのに
　得意にならないようにと　失敗を授かった
求めたものは一つとして　与えられなかったが

願いはすべて 聞き届けられた
神の意に添わぬ者であるにもかかわらず
心の中の言い表せない祈りは すべて叶えられた
わたしは もっとも豊かに 祝福されたのだ

ニューヨーク大学のリハビリテーション研究所の壁に書かれている言葉だそうです。

人生の終わりを迎えているいま、「わたしは もっとも豊かに 祝福されたのだ」と感謝する日々です。

本書の「あとがき」というより、わたしの人生の「あとがき」になってしまいました。スミマセン。

上林 順一郎

装丁：yme graphics　三輪義也
本文写真：脇林 清

夕暮れに、なお光あり。――老いの日々を生きるあなたへ

2023年9月15日　第1版第1刷発行
2024年6月10日　第1版第2刷発行

著　者　小島誠志、川﨑正明
上林順一郎、島しづ子、渡辺正男
発行所　株式会社 キリスト新聞社
〒162-0814 東京都新宿区新小川町9-1
電話 03(5579)2432
URL. http://www.kirishin.com
E-Mail. support@kirishin.com
印刷所　光陽メディア

ISBN 978-4-87395-825-5 C0095（日キ販）
Printed in Japan